EL PODER DE LAS ESTRELLAS

EDICIÓN PATHFINDER

Por Don Thomas y Elizabeth Sengel

CONTENIDO

NUESTRA ESTRELLA, EL SOL

Por Don Thomas

ASTRONAUTA DE LA NASA

Despega con un astronauta en un viaje a las estrellas.

momento desde que tenía seis años de edad.

Estaba apoyado de espaldas, con el cinturón de seguridad de mi asiento en el transbordador espacial Columbia. Faltaban pocos minutos para el lanzamiento y mi primer viaje al espacio.

Seis segundos antes del despegue, los tres motores principales comenzaron a rugir estruendosamente. Mi asiento se sacudió, estremeció y bamboleó. Si no hubiera estado amarrado, la sacudida me habría arrojado al suelo.

El Columbia se elevó hacia el cielo. En ese momento sentí como si hubiera una mano presionando contra el centro de mi espalda, una mano que me empujaba hacia arriba, hacia el cielo. A medida que el Columbia aceleraba hacia arriba, yo gritaba dentro de mi casco, "¡Viva! ¡Vamos!". Nadie me podía oír por la conmoción de los motores.

Ocho minutos y medio después, todo quedó en silencio cuando los motores principales se apagaron. Otra ola de entusiasmo me sobrevino cuando me di cuenta de que... ¡estaba en el espacio! Ahora estaba ansioso por ver, por primera vez, la Tierra desde el espacio.

Salida y puesta del Sol

Me desabroché el cinturón y floté hacia una ventana. Nada podría haberme preparado para lo que vi. Al presionar la nariz contra el vidrio, simplemente quedé atónito. El panorama me dejó sin aliento.

La negrura aterciopelada del cielo me asombró. Nunca antes había visto semejante oscuridad. La negrura impenetrable de la oscuridad parecía resplandecer. Una capa azul brillante de la atmósfera de la Tierra se mezclaba con el color negro del espacio.

En poco tiempo, vi desde el transbordador la primera de muchas puestas de Sol. Las salidas y las puestas de Sol son muy diferentes en el espacio.

En la Tierra, podemos ver una salida y una puesta de Sol por día, causadas por la **rotación** de la Tierra o el giro de esta alrededor de su **eje**. La Tierra tarda 24 horas para hacer una rotación.

El transbordador gira en órbita, o alrededor, de la Tierra cada 90 minutos, lo que significa que podía ver dieciséis salidas y puestas de Sol cada día. Durante mi viaje, podría haber visto más de un centenar de ellas.

Sol poniente. *La atmósfera de la Tierra cambia de color al ponerse el Sol.*

Erupciones ardientes: *Arcos brillantes de gas caliente y brillante brotan de la superficie del Sol.*

Nuestro vecino estrellado

El transbordador espacial viaja alrededor de la Tierra a 28.000 kilómetros (17.500 millas) por hora. A esa velocidad, las puestas de Sol ocurren mucho más rápido que en la Tierra; se producen con tanta rapidez que, si uno se distrae, fácilmente podría perderse una. En solo 13 segundos, vi cambiar la atmósfera terrestre de un tono azul a uno anaranjado, luego a un rojo oscuro y finalmente a un negro azabache.

Desde la Tierra o el transbordador, el Sol es el objeto más brillante que hay en el cielo. También es el objeto más grande de nuestro sistema solar. Dentro de él podrían caber un millón de planetas del tamaño de la Tierra.

Sin embargo, el Sol es solo una estrella de tamaño promedio. Las estrellas son gigantescas bolas de gases calientes que sirven de combustible a la estrella. Las estrellas transforman su combustible en energía. Vemos y sentimos parte de esta energía en forma de calor y luz. La mayoría de las estrellas tienen suficiente combustible para producir calor y luz por miles de millones de años.

La luz del Sol tarda un poco más de ocho minutos en viajar desde el Sol, a través del espacio, hasta la Tierra. Eso significa que la luz del Sol que estamos viendo en este momento salió del Sol aproximadamente ocho minutos atrás.

Manchas y erupciones

A simple vista, el Sol luce tranquilo y calmo, pero cuando lo miramos a través de un **telescopio** vemos algo completamente diferente. Ahora el Sol se ve dinámico. En su superficie súper caliente, bullen y explotan los gases, y se forman fuertes tormentas de fuego.

Hay una especie de tormenta, conocida como manchas solares, que aparece como manchas oscuras. La mancha solar se ve oscura, ya que es una zona más fría que las áreas que la rodean. A veces, el Sol aparece salpicado de manchas solares, pero en otras ocasiones, hay pocas o incluso ninguna. El número de manchas sigue un ciclo de 11 años. A medida que el ciclo avanza, podemos observar más y más manchas.

Las erupciones solares, que se forman cuando los gases y la energía explotan en la superficie del Sol, suelen ocurrir alrededor de las manchas solares. El chorro de energía generado por una erupción solar sale disparado hacia el espacio, alcanzando a la Tierra en tan solo unos días.

Al chocar con la atmósfera terrestre, los chorros de energía fluyen hacia los polos de la Tierra. ¡Causan que los gases de la atmósfera brillen de color verde, azul, rojo e incluso rosado! A estos colores brillantes los llamamos auroras.

Nuestro sistema solar

La energía del Sol no solo calienta la Tierra, también calienta todos los planetas. Los planetas son objetos espaciales de gran tamaño que giran en órbita alrededor de una estrella. En total, ocho planetas giran en órbita alrededor de nuestro Sol. Cuatro de estos planetas, que se conocen como planetas interiores, son pequeños mundos rocosos. Los otros cuatro, llamados planetas exteriores, son gigantes de gas.

Júpiter es el mayor de estos mundos. Tiene un anillo y más lunas que cualquier otro planeta. También está casi completamente compuesto de gases que se mueven constantemente. Nubes coloridas se desplazan en torno a las tormentas, repletas de fuertes relámpagos. La Gran Mancha Roja, la tormenta más grande de todos los planetas del sistema solar, azota con vigor. Hasta brillan auroras encima de los polos del planeta.

Luz estelar, estrella brillante

Desde el transbordador espacial tuve una vista esplendorosa del Sol, la Tierra y otros planetas. También pude ver muchas más estrellas de las que podía ver desde el suelo.

En la Tierra, la atmósfera bloquea parte de la luz que emana de cada estrella. La atmósfera no solo atenúa la luz estelar, sino que incluso la cambia. Los gases en movimiento causan que las estrellas titilen, pero en el espacio las estrellas no titilan. Se ven como puntos fijos de luz.

Desde el transbordador, pude ver estrellas de diferentes colores: blanco, azul, rojo e incluso amarillo, como nuestro Sol. El color nos dice mucho acerca de la estrella. Por ejemplo, nos dice cuán caliente es la estrella. Las estrellas más frías son rojizas; las estrellas calientes son amarillentas, y las estrellas más calientes son azules.

Como podemos ver las estrellas con mayor claridad desde el espacio, la NASA ha colocado telescopios allí. El Telescopio Espacial Hubble es probablemente el telescopio espacial más conocido. Lanzado al espacio hace más de 20 años, el Hubble puede ver objetos con una resolución 50 veces superior a la del telescopio más poderoso de la Tierra.

Hasta el momento, el Hubble ha orbitado la Tierra muchas veces, recorriendo casi cinco mil millones de kilómetros (tres mil millones de millas). En el camino ha tomado cientos de miles de fotografías de objetos en el espacio.

El gigante Júpiter.
Las corrientes de gas forman remolinos alrededor de Júpiter, el planeta más grande de nuestro sistema solar.

El nacimiento de una estrella

Algunas de las imágenes más llamativas del Hubble muestran las nebulosas, que son nubes de gas y polvo que están en el espacio. Las nebulosas forman figuras asombrosas y pueden ser de colores brillantes.

Algunas nebulosas son criaderos de estrellas. La Nebulosa de Carina es uno de los criaderos de estrellas más conocidos. Desde la Tierra, solo puede ser vista desde el hemisferio sur.

Las estrellas se forman dentro de esta y otras nebulosas parecidas. Las partículas de gas y polvo se unen. La **gravedad** junta más y más el gas y el polvo, fundiendo las sustancias en forma de esfera.

La esfera crece más y más. Con el tiempo, la gravedad de la esfera es tan fuerte que la esfera colapsa sobre sí misma.

Al colapsar, los gases se tornan más y más calientes. Cuando los gases alcanzan decenas de millones de grados, ¡nace una estrella!

Por supuesto, esto no sucede de repente. Se necesitan millones de años para que una nueva estrella comience a brillar.

Telescopio Espacial Hubble

Estrellas bebé *Nacimiento de nuevas estrellas en la Nebulosa de Carina.*

Estrellas moribundas

La mayoría de las estrellas existen por millones o incluso miles de millones de años. El tiempo de existencia de una estrella depende de su tamaño. Las estrellas más grandes y más calientes perduran solo unos pocos millones de años: tienen vidas más cortas. Las estrellas más pequeñas tienden a perdurar más tiempo ya que no utilizan su combustible tan rápido como las otras. Nuestro Sol, el cual esperamos que continúe brillando por otros cinco mil millones de años, ya ha llegado a la mitad de su vida.

El tamaño de una estrella también afecta la forma en que muere. Cuando una estrella del tamaño de nuestro Sol se queda sin combustible, se expande a nivel de sus capas exteriores de gas y comienza a atenuarse poco a poco. Con el tiempo se convierte en una enana: una bola congelada que flota en el espacio.

Las galaxias en el más allá

Se conoce como galaxia a un grupo de millones de estrellas. En nuestra propia galaxia, la Vía Láctea, el Sol es tan solo una de más de cien mil millones de estrellas.

El Hubble nos ha mostrado algunos ejemplos espectaculares de galaxias. Muchas son espirales como la Vía Láctea. Una tiene la forma de un renacuajo, mientras que otra parece el ojo de un gato.

Desde el Columbia, el cielo parecía decorado con más estrellas de las que podía contar. Mis dos vistas favoritas fueron de las Nubes de Magallanes Grande y Pequeña, un par de pequeñas galaxias que orbitan alrededor de la Vía Láctea. Las galaxias pequeñas tienen menos de mil millones de estrellas.

Último aliento. *La Nebulosa de la Hélice es un anillo de gas que rodea a una estrella moribunda.*

Explosión de una estrella. *La Nebulosa del Cangrejo fue formada por la explosión de una estrella gigante.*

Las estrellas grandes colapsan sobre sí mismas cuando su combustible se agota. La capa más externa de las estrellas grandes explota en el espacio y las otras capas exteriores de la estrella forman una especie de nebulosa alrededor de la estrella moribunda. La explosión se conoce como supernova.

Las estrellas más grandes tienen un final misterioso. La gravedad hace que la estrella gigante colapse sobre sí misma. Su colapso es tan rápido y violento, que se convierte en un agujero negro. La gravedad comprime toda la materia estelar en un puntito. Nadie sabe lo que sucede en el interior de un agujero negro. Sabemos poco acerca de los agujeros negros debido a que su gravedad es tan fuerte que ni siquiera la luz puede escapar de su interior.

Con la ayuda de unos binoculares pude ver con nitidez estas manchas borrosas de luz, pero tuve que verlas rápidamente porque el panorama estaba a punto de cambiar. Otro espectacular amanecer estaba a punto de ocurrir. La sensación de la luz y el calor era agradable en mi rostro a medida que los rayos solares se filtraban por las ventanillas del Columbia.

Después de observar todas las cosas extrañas y maravillosas en el cielo nocturno, fue bueno ver el viejo y conocido Sol una vez más. Pronto me di cuenta de que, aunque las estrellas, las nebulosas, los agujeros negros y las galaxias son sorprendentes y asombrosos, no hay lugar como el propio hogar, nuestro planeta Tierra.

Espiral estrellado. *Miles de millones de estrellas forman la Galaxia Remolino. Sus brazos espirales y curvados contienen estrellas jóvenes, mientras que las estrellas más viejas se alojan en su núcleo amarillento.*

VOCABULARIO

eje: línea alrededor de la cual rota un cuerpo, como puede ser la Tierra

galaxia: sistema de estrellas

gravedad: fuerza de atracción que tienen todos los objetos

rotación: acción de girar alrededor de un punto central

telescopio: dispositivo que se utiliza para estudiar objetos distantes

Alimentada por el Sol

POR ELIZABETH SENGEL

La Estación Espacial Internacional (EEI) es una casa y laboratorio flotantes. Se desliza a 386 kilómetros (240 millas) sobre la Tierra, orbitando alrededor del planeta cada 92 minutos. Cuenta con habitaciones para la tripulación y laboratorios de investigación y experimentación. ¿Cómo hace esta increíble nave espacial para obtener la electricidad necesaria para que todo funcione?

La respuesta es el Sol. La EEI está equipada con ocho paneles solares. En conjunto, estas inmensas estructuras, que parecen alas, tienen un tamaño equivalente a más o menos la mitad de un campo de fútbol americano. Están recubiertas con celdas solares: 262.400 para ser exactos. La celda solar, o celda fotovoltaica, es un pequeño dispositivo que convierte la luz solar en electricidad.

Una computadora mantiene los paneles solares mirando siempre hacia el Sol. Cuando la nave viaja en la sombra de la Tierra, la tripulación utiliza la electricidad almacenada en baterías. Las baterías se recargan cada vez que la EEI se encuentra a la luz del Sol.

Sol a escala reducida.
Si esta foto del Sol estuviera a escala, sería más de 100 veces mayor que la foto de la Tierra que aparece a la derecha.

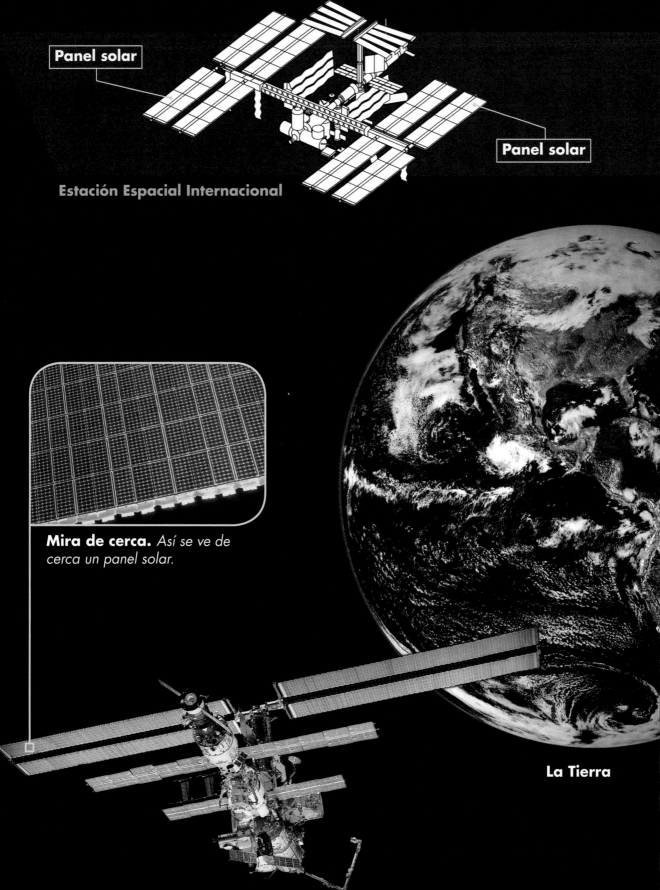

Panel solar

Panel solar

Estación Espacial Internacional

Mira de cerca. *Así se ve de cerca un panel solar.*

La Tierra

Brillante ESTRELLA

Sigue las estrellas para responder estas preguntas sobre el Sol y su energía.

1 ¿De dónde obtienen las estrellas su energía?

2 ¿Cómo se habrá formado nuestro Sol?

3 ¿De qué manera el tamaño de una estrella afecta la forma en que muere?

4 ¿Por qué Don Thomas dice que no hay lugar como la Tierra?

5 ¿Por qué la EEI tiene paneles solares? ¿Qué aspecto tienen?